Couverture inférieure manquante

NOTE

SUR

L'INSTRUCTION PUBLIQUE

MUSULMANE

EN ALGÉRIE

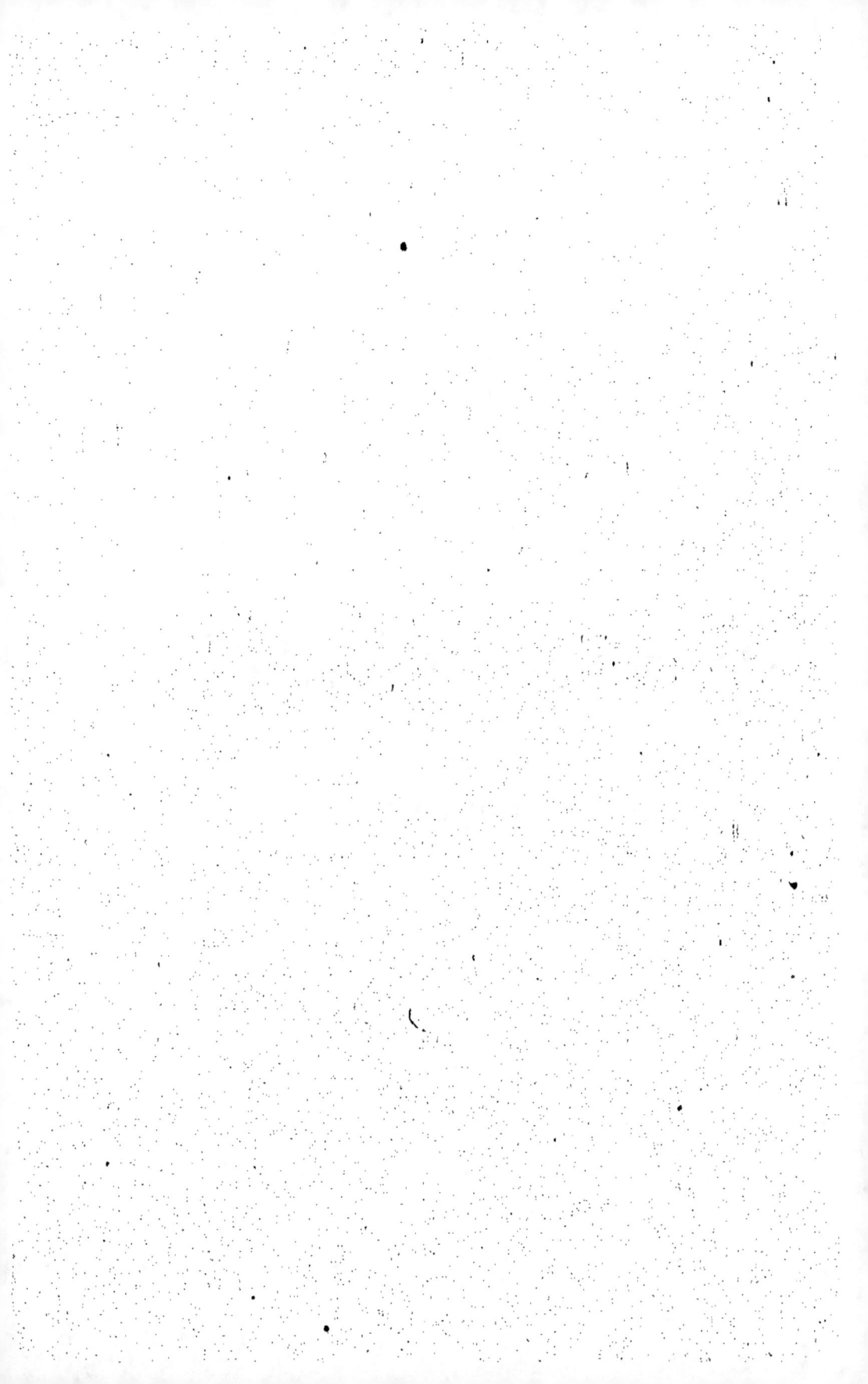

NOTE

SUR

L'INSTRUCTION PUBLIQUE

MUSULMANE

EN ALGÉRIE

IMPRIMERIE DE L'ASSOCIATION OUVRIÈRE P. FONTANA ET COMPAGNIE.

NOTE

SUR

L'INSTRUCTION PUBLIQUE MUSULMANE

EN ALGÉRIE

PRÉLIMINAIRES

GÉNÉRALITÉS SUR L'INSTRUCTION PUBLIQUE MUSULMANE

En Algérie, avant notre arrivée en 1830, rien ne rappelait les institutions et les coutumes qui régissent, en France, l'instruction publique. Le gouvernement, l'administration, l'Etat enfin n'avaient aucune part immédiate à la direction et à la surveillance de l'enseignement. Les particuliers n'avaient pas non plus formé des entreprises à leurs risques et périls, pour instruire la jeunesse ou pour professer les sciences.

L'instruction avait été placée sous la sauvegarde de la religion. Le Koran, dans plusieurs de ses chapitres, a honoré et glorifié les savants; il encourage l'étude afin de propager la connaissance des vérités religieuses. Aussi pour tous les musul-

mans, apprendre à lire, c'est apprendre à déchif-
frer le Koran; apprendre à écrire, c'est retracer les
caractères du livre sacré. Le Koran est la base
même de l'instruction primaire, de même qu'il
devient plus tard le texte des leçons pour l'instruction secondaire et le but des hautes études.

Dans tous les pays musulmans, c'est une règle
générale, à peu près absolue, qu'à côté de chaque
mosquée, il y ait une école. Mais le culte, pas plus
que l'instruction publique, n'avait, à l'époque dont
nous parlons, ni budget, ni subvention spéciale,
allouée par l'Etat. Les mosquées, les chapelles
étaient fondées par des personnes pieuses, ou par
de hauts fonctionnaires qui immobilisaient des
propriétés dont le revenu était consacré à l'entretien de l'édifice et à la rétribution du personnel
du culte. Dans les dépendances de la mosquée, il
y avait toujours un local affecté à l'école, l'administration des revenus des mosquées était chargée
de l'entretien et de l'ameublement de ce local.
Lorsqu'il n'y avait pas de mosquée dans un voi-
sinage rapproché, les habitants se cotisaient pour
la location d'une salle d'école et pour l'achat des
fournitures très simples d'ailleurs.

INSTRUCTION PRIMAIRE

L'école primaire portait le nom de Mecid ou
de Mekteb (lieu où l'on lit). L'instituteur s'appe-
lait Mouadeb (éducateur) ; il cumulait le plus
souvent avec ses fonctions, celles d'Iman (qui ré-
cite la prière), ou de Muezzin (qui annonce la
prière), ou de Thaleb (qui lit le Koran). Dans la

mosquée dont le Mekteb dépendait, un traitement et des prestations en nature lui étaient attribués pour les fonctions du culte qu'il remplissait, mais il ne recevait aucun subside pour l'école. Les parents des élèves lui donnaient une rétribution qui variait, selon leur fortune, de 15 à 60 francs par an. Outre la rétribution mensuelle, le Mouadeb recevait, des parents, des cadeaux à l'époque de certaines fêtes (Nefkha), et chaque fois que l'élève abordait un nouveau texte du Koran. Ces présents étaient évalués dans les chiffres que nous avons cités.

Dans les tribus, lorsqu'il n'existait pas aux environs une zaouia ou une chapelle, chaque douar de quelque importance, avait une tente dite Cherïa (loi, religion), fournie soit par le chef du douar, soit par la réunion des principaux habitants, et destinée à servir de salle d'école. La rétribution était analogue à ce qui se pratiquait dans les villes ; seulement, le Mouadeb recevait des cadeaux en nature et fort peu d'argent.

Pour les familles les plus riches, un employé de la mosquée voisine, choisi parmi les plus âgés, parce qu'il devait pénétrer dans l'intérieur du harem, venait donner des leçons aux enfants et, dans cette circonstance, les jeunes filles participaient quelquefois à l'enseignement.

Il n'y avait pas de règle établie pour la surveillance du Mouadeb et la tenue de son école. Lorsque sa conduite donnait lieu à de graves sujets de plaintes, les habitants du quartier s'adressaient au kadhi et provoquaient son changement ; si le Mekteb avait été fondé par les habitants eux-mêmes, le remplacement s'effectuait selon le vœu de la majorité.

L'instruction primaire était beaucoup plus répandue en Algérie qu'on ne le croit généralement. Nos rapports avec les Indigènes des trois provinces ont démontré que la moyenne des individus du sexe masculin, sachant lire et écrire, était au moins égale à celle que les statistiques départementales ont fait connaître pour nos campagnes. Ce premier enseignement donné aux jeunes musulmans, entre l'âge de 6 à 10 ans, consistait à leur apprendre à lire et à réciter le Koran, sans s'inquiéter des commentaires et, par conséquent, sans qu'ils pussent le comprendre. Les élèves récitaient ordinairement le livre sacré trois fois en entier pendant qu'ils fréquentaient le Mekteb. Ils apprenaient en même temps à écrire. Le Mouadeb écrivait successivement tous les chapitres du Koran, sur une planchette blanchie, et, lorsque l'élève avait retenu par cœur la leçon, il faisait un présent de peu d'importance à son maître. Les enfants les plus jeunes apprenaient par cœur la formule des articles de foi, les prières, les pratiques extérieures du culte et enfin les préceptes de la religion.

Tous les enfants passaient indistinctement dans les écoles entre 6 et 10 ans, sans établir de distinction de classes ; les plus pauvres n'y recevaient que les éléments de l'instruction religieuse, afin d'entrer plus tôt en apprentissage pour un métier, ou d'être plus vite utilisés comme bergers ; ceux appartenant à des familles aisées pouvaient fréquenter l'école plus longtemps et apprendre à lire, à écrire et à réciter tout le Koran.

INSTRUCTION SECONDAIRE

Le second degré de l'instruction se donnait dans les Medrassa (lieu consacré à l'étude) ; le professeur se nommait Moudarès (érudit, ayant beaucoup étudié). La Medrassa ou Medersa, ainsi que le Mekteb, était presque toujours attenante à une mosquée dans les villes, et à une zaouia dans les tribus. Elle était entretenue au moyen des revenus de fondations pieuses affectés au culte. Quelquefois, cependant, on fondait des Medrassa indépendantes des mosquées et il était alors pourvu à leur entretien directement, mais d'après les mêmes errements. L'enseignement des Medrassa était gratuit et les élèves ne devaient au professeur aucune rétribution. Les études comprenaient généralement un cours complet de grammaire et l'explication des commentateurs du Koran. Les élèves qui savaient bien les six différents traités de grammaire étaient réputés Thaleb et étaient aptes à devenir lecteurs du Koran dans la mosquée, Khodja (écrivains), des fonctionnaires publics, enfin Mouadeb dans les écoles primaires.

Le traitement des Moudarès variait depuis 30 jusqu'à 200 francs par an, et était payé sur les revenus de la mosquée. Le Moudarès recevait, en outre, une once d'huile par jour, pour préparer, le soir, sa leçon du lendemain, ainsi que l'eau nécessaire à ses ablutions et les nattes pour l'ameublement de la Medressa. Souvent à la fête du

Boïram, le chef politique de la ville donnait des vêtements de drap à tous les Moudarès.

Comme pour les écoles primaires, le professeur de Medrassa cumulait ses fonctions avec celles de quelque emploi du personnel du culte et suppléait ainsi à l'insuffisance du traitement qui lui était alloué.

ZAOUIA

Dans les Zaouïa, c'était ordinairement un des membres de la famille du marabout, à la mémoire duquel le monument avait été élevé, qui remplissait les fonctions de Moudarès. Ces familles tenaient à grand honneur de ne pas laisser tomber ces Medrassa fondées auprès du tombeau de leurs ancêtres et qui maintenaient leur influence dans le pays. C'était aussi pour elles une source de richesses, car à de certaines époques, les fidèles s'empressaient de porter à la zaouïa des offrandes, pour l'entretien des jeunes gens qui y étudiaient.

Le chef politique de la province affectait souvent le revenu de certaines tribus à ces zaouïa, et les habitants, exempts de tout autre impôt, devenaient les clients des possesseurs de la zaouïa. Il arrivait quelquefois que ces sortes de colléges, affranchis de toute surveillance et où la morale n'était l'objet d'aucun enseignement spécial, se transformaient en écoles de vices et même en repaires de bandits.

HAUTES ÉTUDES

Dans une des mosquées principales des grandes villes, ou bien dans les zaouïa les plus célèbres, outre les cours pour former les thaleb, les
savants enseignaient le droit, la théologie, les
traditions, et quelquefois l'astronomie, l'arithmétique et l'algèbre.

Les professeurs étaient rétribués, dans les villes, sur les revenus des mosquées, et dans les
zaouïa, au moyen des offrandes des hommes
pieux. Quand un homme était versé dans les
sciences qui constituaient les hautes études, il recevait le titre de alem (au pluriel, oulema), et il
était apte à devenir kadhi, muphti, professeur
dans les Medressa ; il pouvait remplir également
les diverses fonctions de naïb, d'adel, d'oukil
d'une mosquée, etc. Dans quelques-unes de ces
écoles supérieures, il y avait un certain nombre
de cellules destinées à loger les thaleb qui suivaient les cours ; ils étaient astreints à une discipline, recevaient leur nourriture et certaines re-
devances en nature. Souvent des familles riches
s'imposaient, comme œuvre pie, d'entretenir un
ou plusieurs thaleb dans les écoles supérieures.
On délivrait généralement des diplômes aux élèves des Medrassa. Ils étaient de deux sortes : les
uns, pour l'instruction du second degré, attri-
buant le titre de thaleb ; les autres, pour les
hautes études, donnant rang parmi les oulema.
Les Medrassa les plus célèbres de l'Algérie
étaient : dans la province de Constantine, dans la
ville même, la Medressa de la mosquée de Sidi

l'Akdar, celle de Sidi Okba, celle de Sidi ben Ali Chérif, dans l'Oued Sahel, etc ; dans la province d'Alger : celle de Koléah, celle de Milianah, celle de Ben Mahi Eddin chez les Beni Soliman, etc., etc.; dans la province d'Oran : celle de Sidi Laribi, celle de la famille d'Abdelkader, celle de Tlemcen, etc., etc. En résumé, tous les enfants recevaient l'instruction primaire dans des établissements très multipliés. Deux ou trois mille jeunes gens seulement par province suivaient dans les Medrassa les cours du second degré ; et six cents ou huit cents, au plus, également par province, arrivaient jusqu'à l'étude des sciences de droit et de théologie.

SITUATION DE L'INSTRUCTION PUBLIQUE MUSULMANE PENDANT LA PÉRIODE INTERMÉDIAIRE DE 1830 A 1850

La situation particulière de l'instruction publique musulmane, en dehors des services publics et administratifs, ne pouvait, à l'origine de notre occupation, que soustraire cette intéressante question à notre attention. Absorbés par les préoccupations de la guerre et par les besoins des services plus saisissables pour nous, nous avons négligé l'instruction publique.

L'administration du revenu des mosquées fut d'abord confiée à des intrigants avides, qui détournèrent la plus grande partie des fonds à leur profit. Peu de temps après, nous étions obligés de nous charger de cette gestion.

En dehors de la question d'honorabilité de nos mandataires, nous. avions bien vite reconnu que nous ne pouvions laisser la direction d'une question aussi importante à des hommes revêtus d'un caractère religieux et dont les dispositions à notre égard nous étaient, à bon droit, suspectes. Les immeubles des mosquées furent réunis au domaine de l'État, *mais aucune réserve ne fut faite au profit de l'instruction publique, la tradition des dépenses de l'espèce se perdit entièrement.*

La responsabilité de l'état déplorable où se trouva bientôt l'instruction publique musulmane en Algérie doit retomber en partie sur les Indigènes eux-mêmes, qui ne nous ont pas fait connaître, en temps opportun, cette question toute nouvelle pour nous, et qui, loin d'attirer notre attention sur des besoins si réels, nous ont donné l'exemple de l'incurie et de l'abandon. Ces considérations expliquent la faute commise, d'ailleurs sans l'excuser. Le résultat fut désastreux. La presque totalité des écoles primaires fut délaissée, celles qui se maintinrent étaient entretenues directement par les habitants. La même ruine frappa les Medrassa; dans les villes, les locaux furent le plus souvent détournés de leur affectation; dans les tribus, les zaouïa trop rapprochées de nos centres d'occupation furent abandonnées.

Les professeurs, dans les villes, ne recevant plus qu'un traitement insuffisant à cause du renchérissement des vivres, se contentèrent de remplir les fonctions du culte qui leur étaient confiées, ou émigrèrent dans les parties du pays non encore soumises à notre domination. Cette institution qui prospérait toute seule, loin de l'intervention de l'État, sous la domination musulmane, devait dépérir entre nos mains, quand la peur, les préjugés religieux et la méfiance contribuaient à faire redouter l'avenir, et par suite à faire négliger l'instruction des enfants.

Il aurait fallu intervenir pour retenir dans les villes, par quelques émoluments, ces professeurs qui fuyaient dans les tribus, pour y fomenter le fanatisme et la haine de notre nom. A leur défaut, nous aurions pu appeler des savants musulmans étrangers, dont la présence, dans des écoles subventionnées par nous, aurait dû être un exemple vivant de tolérance et à l'abri desquels, nous aurions pu, un peu plus tard, faire accepter les professeurs, l'enseignement français.

Un temps précieux a été perdu, une génération a échappé aux bienfaits de l'instruction ainsi comprise, génération, qui, aujourd'hui, serait à même de seconder nos desseins pour l'amélioration politique et sociale de ses coreligionnaires.

PROJETS D'INSTITUTIONS NOUVELLES
(Période de 1845 à 1850.)

L'expérience du passé indiquait qu'il fallait commencer par une restauration presque complète de l'ancien système d'instruction publique, en introduisant, avec la réserve nécessaire, les innovations indispensables. Précédemment, en effet, on avait bien appelé les jeunes arabes dans les écoles françaises, mais les enfants n'étaient pas venus et c'était tout naturel, puisque pour les indigènes, surtout les indigènes du temps, l'école était le lieu où leurs fils devaient apprendre à prier, à connaître les vérités religieuses et à aimer leur livre sacré, le Koran, que nous avions trop écarté. Guidé par les précédents, on songea à réorganiser les anciennes écoles primaires, à côté des mosquées, mais à en confier la surveillance à l'autorité française, à soumettre à certaines garanties la nomination des Mouadeb; il parut qu'il y avait lieu de ne rien changer à l'enseignement, mais de mettre entre les mains des Mouadeb, bien choisis, de petits traités écrits en arabe vulgaire, pour donner aux enfants des éléments de géographie, d'histoire, d'arithmétique. Dans les écoles du second degré, le même système paraissait devoir être suivi, c'est-à-dire conserver les anciennes traditions d'enseignement et introduire l'étude de l'histoire, des notions de chimie et de physique, essayer d'inspirer aux élèves le désir de connaître la langue française, afin d'arriver à en imposer; plus tard, la connaissance à tous ceux qui postuleraient des fonctions rétribuées.

Quant aux écoles supérieures, il ne pourrait y avoir nécessité de les reconstituer qu'au moment où les élèves à recruter auraient reçu l'instruction nouvelle, du 1er et du 2e degré.

On crut aussi qu'il était indispensable d'introduire un élément nouveau dans l'instruction publique musulmane, afin de la régénérer et de la faire tourner au profit de la domination française. Cet élément consistait dans l'institution d'écoles industrielles et agricoles pour les Indigènes. Là encore nous devions nous appuyer sur la tradition populaire qui rapporte que, dans les familles souveraines, il a toujours été pour ainsi dire obligatoire d'enseigner un état manuel à l'héritier présomptif de la couronne. A Constantinople, en Egypte, d'après cette tradition, les sultans étaient censés avoir appris un métier. Cette tradition est une glorification du travail manuel qui pouvait être utilisée.

Dans cet ordre d'idées, il ne fallait pas seulement se préoccuper de former des Mouadeb ou des Moudarès, des Khodja, des Kadhi, des Muphti, des Ouléma enfin ; le plus important était d'appeler la population indigène sur le terrain des intérêts et des travaux de la société française. Pour cela, il était nécessaire que les enfants apprissent dans les écoles non-seulement l'arabe, la géographie, le calcul, quelques éléments des sciences naturelles, la langue française ; mais encore les arts utiles, les professions industrielles et l'agriculture.

L'enseignement littéraire devant trouver sa sanction dans le Koran, l'enseignement industriel devait être placé sous le patronage des traditions musulmanes les plus respectées.

C'est en partant de cette idée qu'ont été créées les écoles des Arts-et-Métiers de Fort-National (brûlée en 1871), les Fermes-Ecoles, etc., etc.

L'étude des développements donnés à ces institutions, à l'instruction primaire, serait certainement des plus intéressantes, mais nous écarterait des cadres naturels du présent travail qui doit surtout mettre en lumière ce qu'ont été, dans le passé, les établissements d'instruction secondaire chez les Indigènes et ce que ces établissements sont devenus entre nos mains depuis leur organisation première qui date de 1850.

Abandonnant à regret l'historique général de l'instruction publique chez les Musulmans d'Algérie, nous allons serrer de plus près notre sujet et aborder spécialement l'étude des Medrassa ou Medersa de 1850 à 1876.

CHAPITRE II

MEDERSA

L'organisation des Medersa date du 30 octobre 1850, époque à laquelle ces établissements, qui avaient un caractère privé, furent mis, en qualité d'écoles de droit musulman, sous le patronage de l'État, dans le but de former des candidats capables de remplir des emplois dans le culte, la magistrature, l'instruction publique et même l'administration des Indigènes.

Trois Medersa furent ainsi officiellement reconnues par le gouvernement; celles de Constantine, d'Alger, de Tlemcen; des subventions spéciales furent allouées à chacune d'elles.

Le but que l'on se proposait était tout d'abord d'y attirer les étudiants Arabes pour les soustraire aux pernicieux enseignements qu'ils allaient puiser dans les zaouïa des tribus, et leur faire donner, par des maîtres choisis, une éducation qui, tout en respectant leurs idées religieuses, les initiât cependant, peu à peu, à notre ordre d'idées scientifique et moral.

Jusqu'en 1859, les cours furent faits exclusivement par des professeurs musulmans et eurent

pour objet le droit (fekkech), la littérature (nahou), la théologie (touhid).

Les élèves n'étaient astreints qu'à venir suivre
les cours qui étaient gratuits. On admettait ceux
qui se présentaient; ils logeaient en ville et n'é-
taient, du reste, en dehors de l'établissement,
soumis à aucune règle de discipline scolaire. Une
fois que leur éducation était reconnue suffisamment complète, ils recevaient un diplôme de capacité délivré par les professeurs et visé par l'autorité, diplôme au moyen duquel ils pouvaient
ensuite obtenir, plus tard, de préférence à d'autres candidats, des emplois publics, notamment
dans la justice musulmane.

Ce système ne produisit pas de bons résultats :
on n'obtint guère que des étudiants résidant dans
la localité même où était le siége de la Medersa.
Les tolba des tribus se montrèrent peu empressés
à venir profiter de la latitude qui leur était don-
née pour s'instruire ; il leur était difficile d'apprécier de prime-abord les avantages qu'ils pour-
raient en retirer, la plupart d'entre eux, pauvres
et besogneux, trouvaient de trop grandes difficul-
tés à assurer leur subsistance dans les villes où
ils étaient obligés de résider.

Durant cette période embryonnaire, les Medersa
ne sauraient être mieux comparées, dans une certaine mesure toutefois, qu'à ces colléges qui fonc-
tionnaient à Paris, au moyen-âge; chacun était
libre d'y venir puiser à la source de la science,
mais la subsistance matérielle n'était garantie à
personne et la réputation de pauvreté des étudiants était devenue proverbiale. L'autorité supé-

rieure, frappée de ces inconvénients, décida, en 1859, qu'un certain nombre d'élèves, pris dans chaque subdivision et désignés par le général commandant, seraient envoyés dans les Medersa et entretenus aux frais du budget des centimes additionnels à l'impôt arabe, au taux de 0 fr. 80 centimes par étudiant et par jour. D'une façon détournée on revenait à ce qui nous avait précédé, car il ne faut pas l'oublier, à notre arrivée dans le pays, il existait autour de chaque mosquée des établissements d'instruction publique, entretenus au moyen des biens habbous, et si le Domaine a pris possession des dits biens, il n'a nullement subvenu aux charges qui y étaient inhérentes, au moins en ce qui concerne l'instruction publique. On inaugura également des cours de français, d'arithmétique, d'histoire et de géographie, qui furent confiés à un interprète militaire.

Enfin le diplôme de capacité ne fut plus délivré qu'après des examens de sortie subis devant une commission qui mentionnait sur ce document le temps passé par l'étudiant à la Medersa, le numéro qu'il avait obtenu au concours, et le nombre des candidats avec lesquels il avait concouru.

Un certain nombre d'élèves furent logés dans l'établissement suivant les ressources du local. Ceux que l'on ne pouvait recevoir furent autorisés à se loger en ville. Un Directeur, choisi parmi les professeurs musulmans, fut chargé des détails intérieurs, de la marche des études, sous la surveillance du Directeur des affaires arabes de la province. Les frais d'entretien devaient être supportés par le budget des centimes additionnels, auquel

venait en aide un subside fourni par le budget
provincial. Le contrôle et l'ordonnancement furent
exercés par les soins de l'intendance militaire.

Ce système fut suivi jusqu'en 1863, époque à
laquelle fut élaboré et mis en vigueur le règlement
qui devait subsister jusqu'en 1876. Nous résume-
rons en quelques lignes l'esprit du règlement de
1863. Les trois Medersa qui existaient à Alger,
Constantine, Tlemcen furent maintenues. Leur
but continua d'être la formation de candidats aux
emplois dépendant des services du culte, de la
justice et de l'instruction publique musulmane.
Elles pouvaient donc, à juste titre, être considé-
rées comme des écoles de droit supérieur musulman, qui formait la base principale des études.

Les cours furent arrêtés aux matières suivan-
tes:

Grammaire et littérature (Nahou).
Droit et jurisprudence (Fekkech).
Théologie (Touhid).
Langue française, arithmétique, géométrie.

Trois professeurs furent attachés à chaque établissement pour les trois premiers cours. L'un
d'eux exerçait les fonctions de Directeur, sous la
haute surveillance du général commandant la
province qui déléguait à cet effet le Directeur des
affaires arabes. Un professeur de français fut
chargé du 4° cours.

A côté de ces études principales, il y avait un
cours de rédaction littéraire et un autre de rédaction judiciaire professé par un des maîtres indi-
qués.

L'emploi du temps fut réglé d'une manière

uniforme. Il fut décidé que nul étudiant ne serait plus admis dans l'école qu'autant qu'il posséderait déjà une instruction lui permettant de suivre les cours avec fruit.

A cet effet, des examens d'entrée eurent lieu au commencement de chaque année scolaire, devant un jury composé des professeurs de l'école, d'un interprète militaire, du Directeur des affaires arabes. Les limites d'âge furent fixées pour les admissions. Il fut posé, en règle générale, que tous les élèves habiteraient à l'école et seraient soumis aux règles adoptées pour la discipline intérieure. Les externes ne devaient exister qu'à l'état d'exception et uniquement pour cause d'insuffisance de locaux. Une solde journalière de 0 fr. 75 centimes fut allouée à chaque élève, pour sa nourriture, qu'il restait libre de prendre où il voulait. Cette dépense, ainsi que celle des professeurs et des frais d'entretien de l'établissement, furent supportées par le budget des centimes additionnels et par une allocation inscrite au budget provincial.

En moyenne, les dépenses pouvaient être évaluées annuellement ainsi qu'il suit par établissement:

1 Directeur....................	2.100 fr.
2 Professeurs indigènes à 1,500 fr.	3.000
1 Professeur français	1.500
1 Oukaf	600
Prix et fournitures..............	2.000
Entretien de 60 élèves..........	15.360
	24.560 fr.

Le délai maximum de séjour fut fixé à trois ans, à la fin de chaque année scolaire, le même jury chargé des examens d'entrée dut faire passer des examens de sortie, d'après lesquels un classement fut établi pour constater l'aptitude des étudiants reconnus susceptibles d'obtenir, soit immédiatement, des emplois dans la justice musulmane, suivant les vacances existantes, soit des brevets de capacité qui devaient servir à leur faire obtenir ultérieurement des emplois de l'espèce.

Il fut en outre admis, en principe, que dorénavant les places d'adels, ou assesseurs des cadhis, qui forment le premier échelon de la hiérarchie judiciaire indigène, ne seraient plus accordées qu'à des élèves sortant de la Medersa, ayant satisfait aux examens de sortie qu'ils avaient obtenu à la suite des épreuves du concours.

La pénurie des sujets, seule, devait autoriser des exceptions à cette règle. Enfin les Medersa furent soumises à l'inspection annuelle des fonctionnaires chargés de l'inspection des établissements d'instruction publique affectés aux musulmans. Tel est l'exposé succinct des bases d'après lesquelles ont fonctionné les Medersa jusqu'en 1876. Ce système a produit des résultats appréciables et a relevé le niveau moral du personnel judiciaire musulman, qui, tout en restant sujet à de graves imperfections, a commencé à présenter des garanties qu'il était presque impossible de rencontrer avant que l'Etat eût pris la haute direction de ces écoles de droit supérieur.

ARRÊTÉ DE 1876. — SON ORIGINE. — SES CAUSES.

Le résultat le plus appréciable peut-être de la création des trois Medersas avait été le groupement sur trois points distincts des prétendus tolba musulmans. Dans des établissements qui étaient notre œuvre, nous avions pu soumettre ces tolba à un enseignement donné par des maîtres choisis, les surveiller de près, leur imposer des inspections qui nous permettaient d'apprécier leur valeur morale et intellectuelle et nous mettre à même de reconnaître les points défectueux sur lesquels nos efforts devaient porter.

De 1850 à 1859, durant ce que nous avons appelé la période embryonnaire, nous avons vu que les tolba des tribus n'avaient pas répondu à l'appel qui leur était adressé; les élèves de la ville, siège de la Medersa, s'étaient seuls présentés pour suivre les cours, mais à leur volonté, logeant chez eux, échappant à toute surveillance.

L'organisation de 1858 avait eu précisément pour but d'obvier aux inconvénients révélés; elle avait permis dans les subdivisions de rechercher les étudiants, de les grouper dans la main des professeurs musulmans choisis, de voir enfin, ce que, réunis, les uns et les autres pouvaient donner. L'expérience faite, on était resté convaincu que, livrés à eux-mêmes, professeurs et élèves musulmans étaient incapables de répondre aux besoins du nouvel ordre social créé en Algérie et qu'il était indispensable pour nous et pour eux de faire pénétrer dans la Medersa l'influence française sous toutes ses formes. C'est dans cet ordre d'idées que fut rédigé le règlement de 1863 qui plaça la haute direction, la surveillance, l'inspection entre les mains de l'autorité française déterminée à demander à ces établissements ce qu'ils étaient susceptibles de produire.

Les résultats du nouvel ordre de choses ne se firent point attendre, la lumière se fit promptement, les rapports nécessaires furent adressés au gouvernement de la Métropole et dans la lettre impériale du 25 juin 1865 on pouvait lire, page 39, qu'il était nécessaire de réorganiser encore une fois les écoles supérieures musulmanes de façon à y recruter les agents de la justice musulmane, les secrétaires pour la langue arabe.

A la même époque, une commission de réorganisation de la justice musulmane fut formée. Les travaux de cette commission conduisirent forcément ses membres à s'enquérir de la valeur juridique des hommes à qui allait être confié le soin de rendre cette justice et les amenèrent à formuler un jugement sur les établissements où avaient été puisées, par nos magistrats indigènes, les connaissances nécessaires à leurs fonctions.

Ce jugement était précieux à recueillir pour la présente étude, car il indiquait nettement, avec les quelques progrès accomplis, les lacunes énormes qu'il importait de combler.

« Nous avons voulu connaître, disait à cette » occasion, M. Gastambide, conseiller à la Cour » de cassation, président de la commission de la » réorganisation de la justice musulmane, nous » avons voulu connaître à quelle source se pui- » sait, en Algérie, la science du droit musulman,

» dans quels milieux se formaient les magistrats
» et en général les hommes de loi.

« Les écoles où on prend quelques notions ju-
» ridiques, les Zaouïa et les Medersa ne fournis-
» saient pas chaque année, 50 tolba ou sujets
» ayant, à un degré, même médiocre, les connais-
» sances qui seraient indispensables pour rem-
» plir les fonctions de cadhi, d'adel, de muphti,
» d'iman, de professeurs, et non-seulement ces
» écoles, par le nombre limité de leurs élèves,
» n'offrent qu'un recrutement insuffisant aux si-
» tuations nombreuses qu'elles sont pourtant
» destinées à pourvoir, mais l'enseignement n'y
» est pas à la hauteur convenable ; il est d'ail-
» leurs animé souvent d'un mauvais esprit ; le
» personnel des élèves, presque entièrement com-
» posé d'adultes sortis des classes inférieures de
» la population, n'y apporte qu'une éducation et
» des habitudes qui sont une mauvaise prépara-
» tion à des études supérieures et plus mauvai-
» ses encore pour de hautes fonctions de magis-
» trature. »

Appréciant plus loin les trois Medersa de l'Etat,
encore à leur état d'enfance, M. le conseiller
Gastambide ajoutait :

« Depuis 5 ou 6 ans seulement (1), le gouver-
» nement français a ouvert trois écoles supérieu-
» res, dites Medersa, à Alger, à Constantine et à
» Tlemcen, contenant toutes ensemble 120 à 130

---

(1) M. le Conseiller Gastambide commettait ici une
erreur ; comme nous l'avons rapporté, c'était depuis
1850 que le gouvernement français s'occupait des Medersa, bien vaguement il est vrai.

» élèves, qui sont spécialement consacrées à l'en-
» seignement. On y apprend aussi de la gram-
» maire, du calcul, de l'histoire, un peu de fran-
» çais, mais peu. Le cours d'étude y est généra-
» lement de 4 à 5 ans. Les élèves y entrent à 20,
» 25, 30 ans même, mais sans avoir, le plus
» souvent, les connaissances premières qui se-
» raient indispensables. Ils viennent, en général,
» des Zaouïa, où ils ont appris à lire, un peu à
» écrire, pas toujours. Il en résulte que, même
» après un séjour de quelques années dans la
» Medersa, ils sont bien souvent encore impro-
» pres à remplir convenablement les fonctions
» de cadhi ou d'adel auxquelles ils aspirent néan-
» moins et qu'il faut bien leur confier.

» J'ai visité la Medersa d'Alger, dirigée par un
» musulman fort capable, membre de notre Com-
» mission. On y compte 35 élèves de 20 à 30
» ans, appartenant tous à des familles nécessi-
» teuses, n'ayant reçu dans ces familles ou dans
» les Zaouïa qu'une éducation ou une instruc-
» tion bien imparfaites. Ces hommes qui vont de-
» venir magistrats, sont entretenus par l'Etat à
» 0 fr. 80 centimes par jour; ils prennent sur
» leurs études le temps de préparer eux-mêmes
» leurs aliments ; ils lavent de leurs mains le
» linge misérable dont on exige qu'ils soient
» pourvus. Ils ne connaissent aucun de ces soins
» ou de ces commodités les plus vulgaires de la
» vie qui polissent l'homme et l'élèvent. Le Di-
» recteur convient que, malgré ses efforts, ils
» sont peu jurisconsultes ; j'ai pu en juger; mais
» ce que j'affirme, c'est que recrutés et élevés

» ainsi, bien peu de ces hommes sauront être
» magistrats, c'est-à-dire inspirer à d'autres hom-
» mes, à leurs justiciables, le respect qui est la
» première condition d'une justice acceptée com-
» me telle. L'empereur l'a dit : réorganiser les
» écoles supérieures musulmanes, de façon à y
» recruter les agents de la justice musulmane.....
» C'est, en effet, le besoin le plus urgent de cette
» justice. »

Ce rapport mettait en lumière bien des vices de
l'institution ; à un point de vue spécial, il corro-
borait les dires des inspecteurs, de l'administration. De cet ensemble d'observations, unanimes
dans le fond, naquit chez tous les gens compé-
tents, la conviction raisonnée qu'il y avait lieu de
réorganiser nos Medersa, dont l'utilité était d'ailleurs établie par la nécessité de recruter nos divers agents indigènes ailleurs que dans ces Medersa tunisiennes, marocaines ou tripolitaines, où
les lettrés algériens étaient allés jusqu'alors puiser, avec une instruction si douteuse, des idées
tout à fait hostiles à notre domination.

Une commission fut réunie, chargée d'élaborer
le règlement définitif ; ses travaux durèrent trois
ans et allaient aboutir, lorsque éclatèrent les évé-
nements de 1870 qui devaient atteindre si profon-
dément la France et l'Algérie. Dans ce dernier
pays, pendant la durée de la période insurrection-
nelle qui s'étendit jusqu'en 1871, toute idée de
réorganisation des Medersa fut momentanément
écartée, mais en 1872, le calme rétabli, le Gouverneur, comte de Gueydon, prescrivit de repren-
dre et de mener à terme les précédents travaux.

Une dernière commission fut instituée, à sa tête se trouvait M. le président de Ménerville, dont la haute compétence en matière algérienne s'imposait. Les études durèrent trois années et conduisirent à l'arrêté du 16 février 1876 qui, pris par M. le général Chanzy, en conformité de l'avis exprimé par le Conseil supérieur du Gouvernement de l'Algérie dans la session de 1873, assurait dans son ensemble satisfaction à tous les intérêts engagés.

Aux termes dudit arrêté, les cours embrassaient :

1° L'enseignement de la langue française, de l'histoire, de la géographie, de l'arithmétique, des principes du droit français, droit civil, droit pénal, droit administratif ;

2° L'enseignement de la langue et de la littérature arabes, de la théologie et du droit musulman.

Comme on le voit, la première, la plus large part était faite aux connaissances utiles à la société nouvelle ; l'étude de l'arabe, l'enseignement religieux étaient relégués à une place secondaire. Ainsi se trouvait atteint le but de l'arrêté, soigneusement énoncé à l'article 2, où il est dit :

« Les écoles musulmanes d'enseignement supérieur ont pour but de former des candidats aux emplois du culte musulman, de la justice, de l'instruction publique, ainsi qu'aux autres emplois qui peuvent, en vertu du décret du 24 avril 1866, être occupés par des musulmans non naturalisés. »

Les dépenses de ces écoles devaient être supportées aux termes de l'article 10, à l'aide tant des crédits ouverts au budget de l'Algérie, que de ceux inscrits au budget du fonds commun général et des fonds communs divisionnaires des communes de l'Algérie.

L'entretien des élèves devait être assuré, article 7, sur le fonds des centimes additionnels, ajoutés aux impôts arabes, perçus sur les indigènes des deux territoires et cela indépendamment des pensions d'élèves que les départements, les communes, ou les familles pouvaient prendre à leur charge, sous la réserve, par ceux-ci de justifier des conditions d'âge, d'aptitude et de moralité exigées par l'article 3.

Sur la demande de M. le Recteur, un règlement, rendu exécutoire par la circulaire gouvernementale du 7 mars 1877, vint fixer les détails de fonctionnement des Medersa. Ce règlement, entre autres améliorations, a institué dans chaque école, un conseil de surveillance et de perfectionnement qui se réunit 5 ou 6 fois par an et peut toujours, soit *motu proprio*, soit sur la convocation du Général ou du Recteur, examiner en détail telle ou telle partie du service. C'est la mise au grand jour de tout ce qui se passe et se professe. Du reste, l'enseignement religieux, c'est-à-dire celui qui est le plus délicat à donner, est exclusivement confié aux Directeurs, parce que ceux-ci, en contact incessant avec nous, offrent plus de garanties, sont plus facilement surveillés et enfin ont, par suite de leurs occupations multiples, moins de temps à consacrer à ce cours que des professeurs spéciaux. Ajoutons enfin que le

programme des cours est arrêté par le Recteur,
et que c'est d'après ce programme que les candidats sont interrogés par la Commission, lors des
examens de sortie.

Les réformes décidées par l'arrêté du 16 février
1876, et en particulier le développement de l'enseignement du français, la création de cours de
droit français ne pouvaient évidemment s'effectuer
qu'autant qu'un nouveau personnel de professeurs
français se substituerait à une partie des professeurs musulmans et que les crédits nécessaires
au nouveau personnel seraient alloués au budget
des Medersas. Aussi M. le Recteur faisait-il remar-
quer, avec juste raison, dans son exposé de la situation générale de l'instruction publique en Algérie, 13 novembre 1877, que les crédits ouverts
pour l'exercice 1876, sur le budget de la Colonie,
en faveur des trois Medersas, soit 26,700 fr.; ne
pouvaient plus suffire et devraient à l'avenir dépasser notablement cette somme. M. le Recteur
fixait même à 47,900 fr. le chiffre minimum nécessaire (voir le détail annexé à la fin de ce rapport) pour faire face aux dépenses des trois établissements, personnel et matériel.

Les augmentations de crédits utiles furent inscrites dans les propositions budgétaires de 1877-
1878 formulées par le Conseil supérieur, mais elles
furent rejetées par le Parlement, sur la demande
du rapporteur du budget. La plupart des améliorations visées par l'arrêté de février 1876 ne se
produisirent donc pas.

D'autre part, cet arrêté avait posé en principe
que les élèves seraient entretenus sur les fonds

des centimes additionnels, ajoutés aux impôts arabes perçus sur les deux territoires. En territoire de commandement cela n'a soulevé aucune difficulté; les élèves admis ont continué à être entretenus sur les budgets des communes indigènes. Il n'en a pas été de même en territoire civil, les communes mixtes ou de plein exercice ont refusé de voter les crédits nécessaires mettant en avant que cette dépense n'est pas obligatoire, ce qui est exact. Dans les départements d'Oran et de Constantine, les généraux commandant les Divisions, ont, tout en protestant, pris ces dépenses à la charge du budget commun de leur Division, mais c'est là un expédient qui ne peut plus être renouvelé, par suite du passage en territoire civil d'immenses superficies enlevées aux territoires militaires, superficies d'où provenaient précisément les centimes additionnels qui alimentaient le fonds commun de la Division.

Le fonctionnement des Medersa est donc entravé : 1° Parce que les crédits nécessaires n'ont pas été ouverts au budget de l'Algérie, que le fonds commun général n'existe plus et que les fonds communs divisionnaires n'ont plus les ressources suffisantes ; 2° Parce que l'entretien des élèves provenant des territoires civils n'est plus assuré par les communes de ces territoires ou par les départements, qui ne votent, chaque année, qu'un nombre de bourses insuffisant.

La situation de ces établissements est donc plus que critique et appelle une réforme à bref délai, soit qu'on fasse le nécessaire pour en assurer le fonctionnement, dans les conditions générales fixées par l'arrêté du 16 février 1876, qui avait été pris en conformité de l'avis exprimé par le Conseil supérieur, dans la session de 1873, soit qu'on juge utile d'apporter des modifications dans la constitution même des Medersa actuelles.

Examinons sommairement ce qui peut être fait dans ces deux cas : 1° Modification du règlement existant en maintenant les principes de l'arrêté du 16 février; 2° Suppression de cet arrêté et organisation sur de nouvelles bases de l'enseignement supérieur musulman.

CHAPITRE III

1° Modification du règlement existant, en maintenant les principes de l'arrêté du 16 février ;

2° Suppression de cet arrêté et organisation, sur de nouvelles bases, de l'enseignement supérieur musulman.

1° Modification du règlement existant, en maintenant les principes de l'arrêté du 16 février.

L'arrêté précité stipule, dans son article 1er, que :

Dans les écoles musulmanes d'enseignement supérieur (Medraças), d'Alger, de Tlemcen, de Constantine, l'autorité du Gouverneur général sera exercée par l'intermédiaire :

1° Des Généraux commandant les Divisions, pour la surveillance politique et administrative;

2° Du Recteur de l'Académie, en ce qui concerne la direction des études et la discipline intérieure de ces établissements.

Cet article répondait aux besoins d'une époque où l'organisation générale de l'Algérie avait réuni dans les mêmes mains les pouvoirs civils et militaires, où les généraux de division administraient les plus vastes superficies des provinces. Il n'en est plus ainsi aujourd'hui, les divisionnaires ont vu échapper à leur autorité la totalité des territoires telliens, d'où proviennent la plupart des étudiants des Medersa; ils restent sans relations directes avec le Gouverneur général civil; leurs efforts ne peuvent être centralisés et dirigés que par le Général en chef du XIXᵉ corps d'armée qui, lui-même, est sans action sur les territoires civils. L'unité de direction indispensable au succès de l'œuvre qui nous occupe a disparu, et si l'on observe que les trois établissements sont situés en territoire civil, qu'élèves et ressources proviennent, en grande partie de ce même territoire, il paraîtra sans doute logique de rétablir l'unité de direction au profit de M. le Gouverneur général civil, agissant par délégation de M. le Ministre de l'instruction publique, c'est-à-dire de relever de leur surveillance politique et administrative les Généraux commandant les divisions qui le demandent, le Recteur de l'Académie resterait d'ailleurs maintenu dans l'exercice de tous ses droits actuels, en ce qui concerne la direction des études et la discipline intérieure des écoles.

Ce premier point établi, il y a lieu d'examiner l'article 10, aux termes duquel : il est pourvu aux dépenses des écoles musulmanes d'enseignement supérieur, à l'aide tant des crédits ouverts au budget de l'Algérie que de ceux inscrits au fonds commun général et des fonds communs divisionnaires des communes indigènes de l'Algérie.

Nous avons déjà dit que le fonds commun général n'existait plus et que les fonds communs divisionnaires avaient vu leurs recettes disparaître, par le passage des communes indigènes en territoire civil. En réalité, c'est l'Etat qui subvient à ces dépenses par l'ouverture d'un crédit de 33,000 francs au budget de l'Algérie, chapitre 8 page 770. M. le Recteur de l'Académie a d'ailleurs fait connaître l'insuffisance de ce crédit, qui devrait être porté à 43,000 francs, pour assurer à l'arrêté du 15 février 1876 son fonctionnement utile; il appartiendrait à M. le Ministre de l'Instruction publique et à son délégué, M. le Gouverneur général civil, d'apprécier.

Les crédits relatifs au personnel enseignant et au matériel assurés, il convient de pourvoir à l'entretien des élèves, prévu par l'article 7, ainsi conçu :

« ARTICLE 7. — Les élèves des Medraças sont
» entretenus sur les fonds des centimes addition-
» nels, ajoutés aux impôts arabes, perçus sur les
» Indigènes des deux territoires.

» Les départements, les communes et les chefs
» de famille, peuvent prendre à leur charge la
» pension d'élèves indigènes, sous la réserve, par
» ceux-ci, de justifier des conditions d'âge, d'ap-
» titude et de moralité exigées par l'article 3. »

Les centimes additionnels visés sont la propriété des communes de l'Algérie.

En territoire de commandement, les communes ont payé et paieront volontiers ; en territoire civil il n'en est pas de même, les communes refusent absolument d'inscrire à leur budget les crédits demandés, alléguant que les dépenses de l'espèce ne leur sont pas obligatoires, ce qui est exact.

De ce chef, il y a une cause de déficit qui ne peut que se perpétuer. Les autres sources de recettes prévues à l'article 7 proviennent du département et des chefs de famille. De ce dernier côté, toute prévision est illusoire, il reste les départements dont le concours est certainement appréciable. Le département d'Alger a, en effet, voté en 1880 un crédit de 3,000 fr. soit 10 bourses à 300 francs l'une. Pareille somme figure encore au budget de 1881 avec la même affectation. Nul doute qu'invités par M. le Ministre de l'Instruction publique les trois départements n'accordent des crédits égaux et ne prennent au moins un engagement moral assurant la fixité de ce contingent.

Dans cet ordre d'idées, il devient facile d'évaluer les sommes dont le paiement incomberait en dernier ressort à l'Etat pour obtenir le bon fonctionnement des Médersa. Dans ces établissements les élèves sont répartis en trois divisions correspondant aux trois années d'études. Il ne semble pas que dans chaque division le nombre des élèves puisse descendre au-dessous de quinze, sans cesser d'être en rapport utile avec l'importance des dépenses générales et surtout sans cesser d'offrir aux divers services de l'Algérie, le recrutement nécessaire. 45 élèves par Medersa, répartis en trois divisions, suivant des cours dont la durée est triennale, donnent à l'expiration de ce laps de temps et chaque année quinze candidats aux emplois publics qui leur sont réservés, soit 45 sujets. dans les trois provinces. Certes ce chiffre est bien restreint eu égard aux emplois à pourvoir de titulaires, il ne doit donc être considéré que comme un minimum.

Toutes circonstances égales d'ailleurs, comparant entre eux les chiffres de la population indigène contenue dans les deux territoires, on voit que les territoires civils comprennent les 4/5 de cette population et les territoires de commandement le dernier 1/5°. La même proportion s'observe dans la population scolaire des Médersa, 1/5° des élèves environ d'une part, 4/5° de l'autre.

Du cinquième provenant des communes indigènes, il ne faut pas se préoccuper, ces communes ont payé et paieront volontiers leur contingent, soit 9 bourses par Medersa.

Nous avons vu que les départements peuvent être réputés susceptibles de payer 10 bourses au maximum, il resterait à pourvoir à 26 bourses par province, à 78 pour l'Algérie entière, ce qui au taux actuel de 0 fr. 80 c. par jour et par élève, ou de 300 fr. par an formerait un total de 23,400 fr., chiffre qu'il serait prudent de porter à 30,000, en prévision de refus possible de crédit par les départements. Ajoutons ce total aux 15,000 fr. d'augmentation demandés par M. le Recteur de l'Académie pour le personnel enseignant et le matériel, nous arrivons à une somme de 44,000 francs en chiffres ronds, qu'il conviendrait d'ajouter aux crédits de 33,000 fr. déjà ouverts au bugdet de l'Algérie soit au total 77,000 fr. à prendre en compte par l'État au lieu de 33,000 francs. (Voir les propositions budgétaires de 1879 et l'annexe joint au présent Rapport).

Ces dépenses n'ont rien d'excessif, eu égard aux résultats à atteindre, et, surtout si l'on veut bien se souvenir que l'Etat encaisse les revenus considérables des biens habbous, anciennes dotations de l'instruction publique en ce pays.

Mais il ne faut pas cependant se dissimuler que l'opinion publique qui ne saurait se rendre un compte bien exact de l'importance du rôle politique des Medersa admettra difficilement une pareille augmentation de dépense.

Tenant compte de ce sentiment, il convient d'examiner s'il n'y aurait pas avantage à supprimer l'arrêté du 16 février et à réorganiser sur des bases absolument différentes l'enseignement supérieur musulman.

Mais d'abord, avant d'aborder l'étude de cette réorganisation, il est nécessaire d'examiner la question du maintien de cet enseignement supérieur qui, faute d'être bien connue et bien appréciée, a été l'objet, en Algérie, des critiques les plus passionnées.

Pourquoi réorganiser cet enseignement supérieur musulman, pourquoi faire revivre ces écoles exclusives de tout élève français, pourquoi ne pas supprimer les Medersa? Pour beaucoup la réponse n'est pas douteuse, elle est faite avec une conviction plus ardente qu'éclairée et elle s'est déjà traduite par ces refus absolus de crédits formulés dans les Conseils municipaux ou les Commissions municipales de toutes les communes des territoires civils.

Les Assemblées départementales, plus aptes à saisir les considérations politiques, placées d'ailleurs plus près de l'autorité préfectorale, sur laquelle pesaient les Gouverneurs généraux, ont bien voté quelques faibles subventions, mais là encore, la même conviction s'est produite, il suffit pour s'en convaincre, de lire les délibérations de ces Assemblées et, notamment, le procès-verbal de la séance du 12 avril 1877 du Conseil général d'Alger. Plus haut encore, au milieu de nos assemblées politiques de la mère-patrie, les appréciations les plus défavorables ont été émises sur les Medersa par un Député de l'Algérie.

Une protestation a été, il est vrai, envoyée au Ministre de l'intérieur par le directeur d'une des Medersa, protestation appuyée alors par le Gouverneur général qui était M. le général Chanzy.

Mais sans même revenir ici sur le détail des services politiques et administratifs que nous rendent les Medersa, à nous Français, n'est-il pas du devoir étroit du gouvernement de la République de tenir compte des besoins intellectuels et moraux des 3,000,000 d'Indigènes, sujets de la France en Algérie.

Ces besoins intellectuels et moraux découlent, pour eux, de leur langue, de leurs mœurs, de leur statut personnel, et surtout de leur religion.

Pouvons-nous nier ces besoins, pouvons-nous les supprimer? La fermeture des Medersa contribuerait-elle à les diminuer?

Mais si nous ne pouvons ni détruire les mosquées, ni abolir le statut personnel des musulmans, ni imposer violemment la langue française à ces trois millions de sujets, force nous est de leur laisser des prêtres, des juges et des savants, quittes à agir sur ces directeurs spirituels, pour transformer peu à peu la société musulmane et l'amener par eux et avec le temps, à notre langue, à notre justice, à nos mœurs et aussi à notre éclectisme religieux ou philosophique.

Laissons même de côté le recrutement du personnel de la justice et celui du personnel enseignant ; nous pouvons peut-être y pourvoir, dans une certaine mesure, soit par des dispositions législatives, soit par des fondations d'établissements spéciaux, soit par des examens imposés aux titulaires des emplois rétribués par nous.

Mais il nous restera toujours le point le plus délicat, celui du recrutement du clergé musulman. Ce clergé musulman, il nous le faut, à nous Français, comme instrument politique, et, étant donné le niveau moral du Marabout, cet instrument sera toujours à notre disposition, quand nous saurons convenablement choisir, former et rétribuer nos imans et muftis.

Mais si, supprimant les Medersa, nous renonçons à former des prêtres musulmans, où trouverons-nous ceux dont nous avons besoin comme agents salariés du culte dans les mosquées ?

Irons-nous les prendre dans les zaouïa de Tunisie ou du Maroc, là où la haine et le mépris du chrétien sont enseignés comme articles de foi ? (Contrairement d'ailleurs au texte même du Coran.) Certainement non.

Nous nous adresserons donc aux zouaïa libres subsistant en Algérie, — établissements qui sont loin d'offrir les mêmes garanties que nos Medersa. Et ici, il n'est pas sans intérêt de dire un mot de ces zaouïa, dont presque tous les Français, en Algérie, demandent aussi la suppression en bloc, sans se rendre un compte exact d'une situation qui n'est pas du tout celle qu'ils supposent.

Toutes les zaouïa, en effet, ne nous sont pas hostiles, il serait même politique de protéger et d'encourager plusieurs d'entre elles.

En les examinant de près, un esprit éclairé ne tarde pas à apercevoir la différence profonde, radicale, qui les séparent entre elles. Les unes, fondées par des Marabouts locaux, sont encore entre les mains des descendants, qui donnent aux adeptes la direction politique et religieuse. Les autres rattachées aux ordres religieux des Khouans, reçoivent le mot d'ordre de l'étranger. De cette situation naît, entre nos Marabouts locaux, issus de familles ayant leurs attaches en Algérie, et les représentants impersonnels et presque inconnus pour nous, des ordres religieux des Khouans, une rivalité déjà signalée par MM. Hanoteau et Letourneux (1), rivalité qui n'est pas sans analogie avec celle qui existe dans tous les pays, entre les deux clergés, séculier et régulier. Certes, devant l'étranger, chrétien et conquérant, un intérêt commun peut, momentanément, apaiser ces querelles de clocher, réunir les fanatiques de tous les partis,

---

(1) *Livre sur la Kabylie*, par le général Hanoteau et M. le conseiller Letourneux.

mais le sentiment signalé n'en est pas moins très réel, et souvent nous avons pu l'utiliser. A ce point de vue, on peut se rappeler que dans la dernière insurrection, la plupart de ces Marabouts locaux ont refusé de mettre leur influence au service des Khouans. Plusieurs d'entre eux nous ont même franchement servis, d'autres se sont tenus à l'écart, et parmi ceux que les circonstances ou les cas de force majeure ont entraînés dans les rangs des rebelles, il en est qui se sont retirés dès qu'ils ont pu le faire et sans nous causer tout le mal que nous pouvions redouter de leur coopération active.

Bien différente a été l'attitude des Marabouts affiliés aux ordres religieux ayant leurs maisons mères hors de l'Algérie. Et, en effet, tout Khouan se meut en vertu d'un mot d'ordre donné par des chefs qui échappent absolument à notre action, il est toujours sûr de rencontrer aide, appui, connivence auprès de tous les affiliés de son ordre, du Maroc à la Tunisie, à la Tripolitaine et plus loin.

L'adepte du Marabout local, au contraire, ne saurait se mouvoir à l'abri d'une influence analogue, que dans la zone très limitée, très circonscrite, où s'étend l'action de son chef religieux sur lequel nous pouvons toujours peser. Nos ennemis ne s'y sont pas trompés et, tandis que les mosquées des Zaouïa libres vont en diminuant, tombent en ruine et en discrédit, les affiliations aux ordres religieux étrangers continuent, depuis la dernière insurrection, à suivre la marche ascendante déjà signalée dans leur ouvrage de la Kabylie, par MM. Hanoteau et Letourneux. Les statuts de ces sociétés

religieuses flattent d'ailleurs autant l'amour-pro-
pre de l'Arabe que les tendances égalitaires du
Kabyle. L'homme qui n'appartient pas à la caste
religieuse, voit avec un profond sentiment d'or-
gueil que, grâce au concours de l'ordre auquel il
appartient, il peut, sans instruction et malgré
l'obscurité de sa naissance, acquérir un pouvoir
religieux égal et quelquefois bien supérieur à celui des Marabouts locaux, devant lesquels il s'é-
tait précédemment incliné.

Des considérations qui précèdent, il semble ré-
sulter qu'avant d'aller demander à des établissements de l'espèce, le personnel de nos agents
salariés, il faudrait les classer, ne s'adresser
qu'aux zaouïa libres et même pour ces dernières,
s'enquérir du rôle qu'elles ont joué pendant les
insurrections, s'éclairer sur leurs attaches avec
les ordres religieux étrangers, sur l'esprit des
Marabouts qui les dirigent. Dans ces conditions,
ne serait-il pas sage de se concilier au moins certains intérêts, en recommandant à l'Administration des Domaines de se montrer plus soucieuse
qu'elle ne l'est de l'entretien des mosquées, à
l'Administration préfectorale ou militaire de venir,
comme jadis, en aide par des gratifications aux
Marabouts locaux, qui, jouissant d'une certaine
influence, la mettent volontiers à notre disposition. C'est un puissant levier que celui qui agit
sur les intérêts personnels.

Mais, en opérant ainsi, ne tournerait-on pas
dans un cercle vicieux ? Qui ne voit, en effet,
que ces Zaouïa, subventionnées d'une façon plus
ou moins directe ne seraient au fond que la

monnaie de nos Medersa actuelles ? Peut-on es-
pérer que l'enseignement donné par ces établissements obscurs sera plus favorable à notre domination, plus approprié aux besoins du nouvel
état social créé par nous en Algérie, que l'enseignement donné dans nos Medersa où tout fonc-
tionne au grand jour, où l'emploi du temps et
les programmes d'étude sont fixés par le Recteur
de l'Académie, où des Commissions de surveillance et de perfectionnement, composées de magistrats, d'universitaires, etc., etc., se réunissent
régulièrement au moins six fois par an pour tout
voir de leurs yeux !

Laissant désormais de côté toute considération
politique, pour ne plus examiner que la question pure et simple de l'enseignement, nous
croyons ne pouvoir mieux faire que de rappeler
ici le jugement porté sur les Medersa par M. le
général Chanzy, en 1879, dans sa lettre du 26
avril, au Ministre de l'Intérieur :

« C'est une erreur profonde de croire, disait
» M. le général Chanzy, que les Medersa pourront
» être supprimées dans un avenir peu éloigné, et
» que loin de chercher à les soutenir, à les ren-
» dre prospères, il n'y a qu'à les laisser tomber
» peu à peu et s'éteindre, faute d'aliments ; quels
» que soient les errements qui seront appli-
» qués dans ce pays, pendant longtemps nous y
» aurons besoin de légistes musulmans et si nous
» ne cherchons pas à les former nous-mêmes, à
» les élever sous notre patronage direct, bientôt
» nous retomberons au même point qu'au début
» de la conquête et nous abandonnerons sous nos

» yeux les populations indigènes à la rapacité et
» à l'ignorance de Tolba, ne présentant aucune
» des garanties qu'offrent les élèves sortis de nos
» Medersa. »

Tel quel, le jugement ne semble pas avoir vieilli.

Ce n'est donc pas une simple suppression des Medersa qui peut donner satisfaction aux besoins divers et aux considérations qui viennent d'être exposés ; il faut, si on ne maintient pas le régime actuel en y affectant les crédits nécessaires, il faut trouver une nouvelle combinaison pour maintenir en Algérie l'enseignement supérieur musulman officiel, dans des conditions qui le fassent rechercher par nos indigènes de préférence à celui des Zaouia.

Une des premières combinaisons qui se présente à l'esprit est de reporter sur un établissement unique la totalité des crédits dispersés dans les trois Medersa actuelles et de créer ainsi une école modèle.

L'idée n'est pas nouvelle, elle a été émise plusieurs fois depuis 1850, mais elle n'a pas résisté à une étude sérieuse de la question. L'expérience a du reste montré que le gros du recrutement des Medersa (comme celui du reste des Zaouïa libres), se fait toujours dans un rayon relativement restreint. Nous trouvons même déjà difficilement des Tolba Sahariens, pour venir étudier dans nos Medersa du littoral. Au contraire, la ville de Tlemcen suffit et au-delà à alimenter la Medersa de cette localité.

Nous croyons inutile d'insister sur cette combinaison, qui ne saurait être admise.

Mais il en est une autre dont nous croyons devoir indiquer les grandes lignes, parce qu'elle nous paraît, tout en étant en parfaite harmonie avec nos institutions nationales, réaliser un véritable progrès sur ce qui existe.

1° Supprimer les Medersa en tant qu'écoles fermées et soumises à l'internat.

2° Rattacher les professeurs actuels d'Alger, de Constantine et de Tlemcen à l'École des lettres d'Alger, qui aurait ainsi :

3 Chaires de Touhid (Enseignement musulman.)

3 Chaires de Nahou (Grammaire traditionnelle.)

3 Chaires de Droit musulman.

3 Chaires de Langue française (Professé en arabe.)

3 Chaires de Droit français (Professé en arabe.)

3 Chaires d'Histoire, Géographie (Professé en arabe.)

3 Chaires d'Arithmétique, de Sciences physiques et naturelles (Professé en arabe.)

3° Faire ces cours absolument publics et gratuits ; les rendre obligatoires pour certains agents salariés résidents dans les villes ;

4° Créer 90 bourses à 360 fr. — 30 par département, bourses qui seraient données au concours dans les conditions où se fait aujourd'hui l'admission à l'internat.

Cette organisation, dont nous nous bornons ici à indiquer le principe, devrait être poursuivie par les soins de l'Autorité académique, l'Administration algérienne pouvant se dégager complètement de la question des Medersa, du jour où l'internat est supprimé et où la publicité du cours permet une surveillance de tous les instants.

RÉSUMÉ ET CONCLUSIONS

En résumé, et quoi qu'il en puisse être des modifications qui seront introduites plus tard, l'arrêté du 16 février 1876 ne peut fonctionner faute de crédits suffisants ; et les étudiants des Medersa, dont l'entretien n'est pas assuré, vont être obligés de quitter ces écoles.

Ces établissements étant d'ailleurs situés en territoire civil, et la plupart des élèves provenant de ces mêmes territoires, les Généraux commandant les Divisions de l'Algérie demandent à être déchargés de la surveillance politique et administrative qui leur incombe aux termes de la législation encore en vigueur ; surveillance qui ne saurait, à aucun point de vue, entrer dans les attributions du Général commandant en chef du XIX⁰ corps d'armée, sans action sur ces mêmes territoires.

Alger, 1ᵉʳ février 1882.

Le Chef de bataillon,
Chef du Service central des Affaires Indigènes,

L. RINN.

ANNEXE I.

Extrait du Rapport d'ensemble présenté en 1877 par M. le Recteur DE SALVE, sur l'Instruction publique en Algérie, en 1877, à la session du Conseil supérieur de Gouvernement.

---

§ 4. — *Médraça ou Ecoles musulmanes d'enseignement supérieur.*

Ces établissements, au nombre de trois, sont destinés à préparer les indigènes aux emplois musulmans du culte, de la justice, de l'instruction publique et autres, énumérés dans le décret du 21 avril 1866; il importe donc d'y introduire, avec nos méthodes d'enseignement, l'habitude de la langue française et des connaissances élémentaires d'histoire, de géographie et de droit français. C'est le moyen le plus sûr d'en modifier l'esprit primitif et d'y faire pénétrer peu à peu nos idées. Un arrêté du 16 février 1876 donne toute satisfaction au vœu émis antérieurement à cet égard par le Conseil supérieur; malheureusement les crédits votés pour les Médraça n'ont pas permis encore d'opérer complètement les réformes décidées, et, en particulier, d'y développer suffisamment l'enseignement de notre langue et d'y créer des cours de droit français. Néanmoins, des améliorations réelles ont été obtenues : des inspections régulières ont lieu, des examens sont établis, l'enseignement, plus méthodique, est mieux surveillé, et les résultats constatés font bien augurer de ceux qu'on obtiendra plus tard. Les Commissions ont été satisfaites des derniers examens d'admission.

133 élèves suivent les cours des Médraça, savoir :

42 à Alger ;
37 à Constantine ;
54 à Tlemcen.

Les crédits ouverts pour l'exercice 1877 sur le budget de l'Algérie, en faveur du personnel des Médraça, s'élèvent à 26,900 fr. ; ils devront désormais, dépasser notablement cette somme et sont portés à 33,900 fr. pour l'exercice 1879 (1).

Alger, 13 novembre 1877.

---

(1) Dans les prévisions présentées par le Recteur et admises par le Conseil supérieur de Gouvernement, mais rejetées par la Commission du budget et par le Parlement, qui ont reproduit les crédits inscrits en 1877 et 1878.

ANNEXE II.

—

———

M. le Recteur s'exprime ainsi qu'il suit :

« Les crédits portés à cet article concernent les trois Medraça d'Alger, de Constantine et de Tlemcen ; ils ont été calculés d'après les dispositions de l'arrêté du 16 février 1876, qui rend obligatoire l'étude de la langue française, et crée, dans chaque établissement, des cours de Droit français. Les sommes inscrites en 1878 étaient les mêmes ; mais des nécessités financières, signalées dans la Commission du budget ont fait accepter une réduction de 10,900 francs. Votre Commission regrette cette détermination, qui renvoie en 1879 l'exécution de mesures importantes édictées au commencement de 1876, et elle prie l'Administration d'examiner si, avant le vote du budget de 1878, il ne serait pas possible de rétablir le crédit primitif dans son intégrité. En tous cas, elle est d'avis que les propositions du Gouvernement, pour l'exercice 1879, doivent être maintenues et même augmentées de 4,000 francs pour le matériel. Cette augmentation, qui cesserait de figurer dans les exercices suivants, permettrait de donner des lits aux élèves de Tlemcen et de Constantine, qui couchent sur des nattes, et de renouveler ceux de la Medraça d'Alger, devenus hors de service. Les médecins et les commissions de surveillance placés près des Medraça regardent cette transformation comme urgente au point de vue sanitaire. La somme portée dans les deux premiers paragraphes serait ainsi de 47.900 francs. »

(Procès-verbal de la séance).

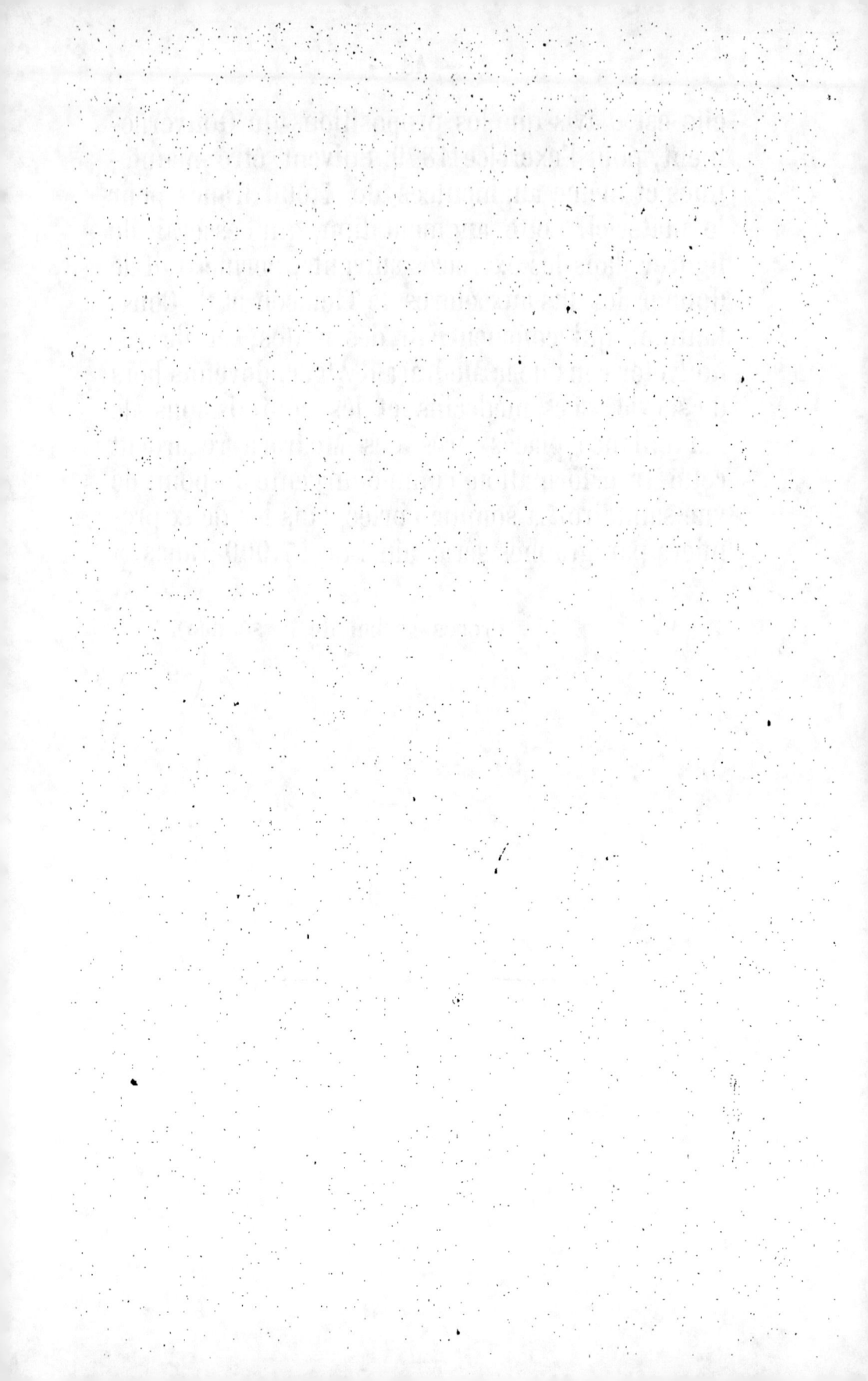

www.ingramcontent.com/pod-product-compliance
Lightning Source LLC
LaVergne TN
LVHW050306090426
835511LV00039B/1659